Inhaltsverzeichnis

Die Badehose

Vorwort	2
Konkrete Hinweise und Symbole	4
Requisiten	5
Kostüme	5
Vorlagen	6
Rollen	7
Soundjobs	8
Plakat / Einladung	9
LAUTER-LESEN-Text: Die Badehose	10

Vorwort

Das Konzept der LAUTER-LESEN-Reihe eröffnet Lehrkräften und anderen Betreuern von Kindern im Grundschulalter mehrere Möglichkeiten der Umsetzung. Die Hefte können eingesetzt werden,

- **um Texte als Hörspiele mit sogenannten „Lesejobs" und „Soundjobs" aufzuführen**
  (**Kurzanleitung:** Text kopieren → Requisiten für die Soundjobs entsprechend der Liste am Anfang des Textes zusammenstellen → Rollen verteilen → die Darsteller ihre Rolle im Text markieren lassen → Requisiten für die Soundjobs verteilen → ... und los!)

- **oder als Grundlage zur Aufführung eines Bühnenstückes.**
  (**Kurzanleitung:** Text kopieren → Requisiten für die Soundjobs entsprechend der Liste am Anfang des Textes zusammenstellen → Rollen verteilen → die Darsteller ihre Rolle im Text markieren lassen → Requisiten für die Soundjobs verteilen → ... und schon kann die erste Probe beginnen, bei der der Text noch abgelesen werden darf.)
  Um Requisiten für das Theaterstück, Bühnenbild und Kostüme kann man sich später kümmern.

Darüber hinaus eignen sich die unterhaltsamen Texte auch einfach zum Vorlesen. Wenn beim Vortrag nicht nur gesprochen, sondern die jeweilige Geschichte auch mit Hilfe von Geräuschen erzählt wird, bekommt sie einen ganz neuen Charakter, wird lebendiger, interessanter, mitreißender und regt die Fantasie stärker an. Lesen wird zum Abenteuer!
Leseförderung und Unterstützung einer Theaterkultur an Schulen: Beides ist mit LAUTER LESEN zu erreichen.

Das Spannende an dem Konzept besteht darin, dass wirklich alle Kinder einer Klasse / Gruppe gemeinsam lesen sollen – motiviert, überprüfbar und ihrem Können bzw. ihren Möglichkeiten entsprechend, also ohne Misserfolg und daher ohne Frustration.
Ein Text soll dabei tatsächlich lebendig werden, d. h., mit einfachsten Mitteln und wenig Aufwand kann aus einem Blatt Papier mit Schriftzeichen sowie ein paar Akteuren eine Art Bühne wachsen, die Gelesenes spannend und überraschend im Sinne eines Hörspiels erleben lässt. So treten Texte aus ihrer Begrenztheit als geschriebenes Wort heraus und werden interessanter. Methoden und Techniken der Darstellung einer Geschichte in Form eines Hörspiels sind Kindern bestens vertraut – früher wurden Kassetten gehört, heute CDs oder Podcasts. Daher gibt es seitens der Kinder auch keine Probleme, eine Vorstellung davon zu entwickeln, wie sich das Ergebnis ihres LAUTER-LESEN-Stückes anhören könnte. Regieanweisungen gibt es nicht. Die Schauspieler entwickeln ihre Rolle komplett eigenständig. Die Texte erklären sich selbst.

Die LAUTER-LESEN-Texte gliedern sich zum einen in gesprochene Passagen – die „Lesejobs" für den Erzähler und die unterschiedlich umfangreichen Rollen der verschiedenen Protagonisten –, zum anderen in sogenannte „Soundjobs".
Die Rollen werden je nach Fähigkeiten unter den Lesern verteilt. Der Part des Erzählers kann – von einer Position am Rande der Bühne oder aus dem Off – abgelesen werden. Die Erzählerrolle kann (entsprechend dem Leistungsstand einer Klasse) von der Lehrkraft oder einem lesestarken Schüler übernommen oder unter mehreren Schülern aufgeteilt werden. Entsprechend übernehmen gute Leser größere Rollen, schwächere Leser kleine Rollen oder Soundjobs, durch die die Szenen je nach Schauplatz des Stückes und der Handlung mit Geräuschen durch die Kinder

akustisch unterlegt werden. So wird die gesamte Klasse eingebunden.
Auf diese Weise ist eine Erfolgskontrolle möglich, auch ohne dass ein Kind gezwungen ist, vorzulesen: Wer eine Figur im Stück zu sprechen hat, muss sowieso lesen – und zwar nicht nur den eigenen Part, sondern auch den anderen Text, um den eigenen Einsatz nicht zu verpassen. Wer einen „Soundjob“ hat, muss ebenfalls mitlesen, um im richtigen Moment einsetzen zu können, ist dabei aber nicht gezwungen, laut zu sprechen. Unterschiedliche Leistungsstände der Mitwirkenden werden berücksichtigt, ohne dass jemand ausgeschlossen wird; es entsteht eine echte Gemeinschaftsproduktion.
Übrigens: Bei Tests mit Schulkassen hat sich gezeigt, dass Kinder am Ende unglaublich stolz auf ihre Aufführung sind! Sie sind sehr motiviert und konzentriert, denn wer will schon dafür verantwortlich sein, dass das Projekt scheitert? Der Wille zum Erfolg entsteht aus dem Gruppengefühl heraus.
Eine weitere neue Erfahrung, die mit LAUTER LESEN verbunden ist: Der eigene Auftritt im Rahmen des Gesamtwerkes verleiht den jungen Akteuren eine gewisse Würde. Sie bemühen sich deshalb engagiert, ihrer Rolle als Sprecher gerecht zu werden und Texte wirklich sinnvoll zu betonen.
Den Kindern nicht so vertraute Begriffe können auch im Deutsch- oder Sachkunde-Unterricht erklärend aufgegriffen werden.

Praktische Tipps für die Aufführung als Hörspiel

- Es hat sich als günstig erwiesen, wenn die Akteure ein Schild vor sich stehen haben, auf dem beidseitig zu lesen ist, welchen Lese- oder Soundjob sie übernommen haben. So vergessen die Mitwirkenden weder selbst, wen oder was sie verkörpern, noch muss sich eine Aufsicht alle Rollen und ihre Darsteller auf einmal merken. Eine Kopiervorlage (mit zum Stück passender Illustration) finden Sie unten auf dieser Seite.
- Ein Lehrer kann bei entsprechender, orchesterartiger Sitzordnung (im Sinne eines Dirigenten) den Schülern bei ihren Einsätzen helfen bzw. diese Einsätze geben. Man könnte die Sitzordnung so gestalten, dass die Kinder nach Schauplätzen gruppiert platziert werden, z. B. nach See, Schilf und Ufer. Oder die Akteure und Soundjobs werden in der Chronologie ihrer Einsätze angeordnet. Beides hilft, die Übersicht zu bewahren.
- Hauptrollen können evtl. an einem Tisch vorne vor dem Plenum zusammensitzen, sodass für die anderen Mitwirkenden eine Art Bühnensituation entsteht.
- Bei mehreren Aufführungen sollten die Kinder die Rollen tauschen, sodass schwächere Leser nach und nach anspruchsvollere Rollen besetzen können, weil sie mit dem Text vertrauter werden.

zum Hochkopieren

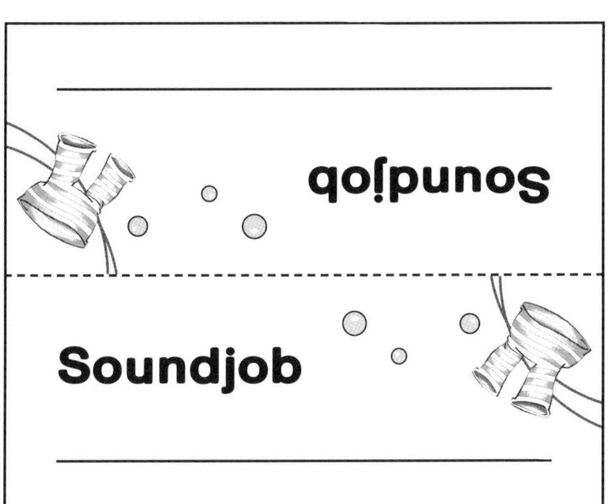

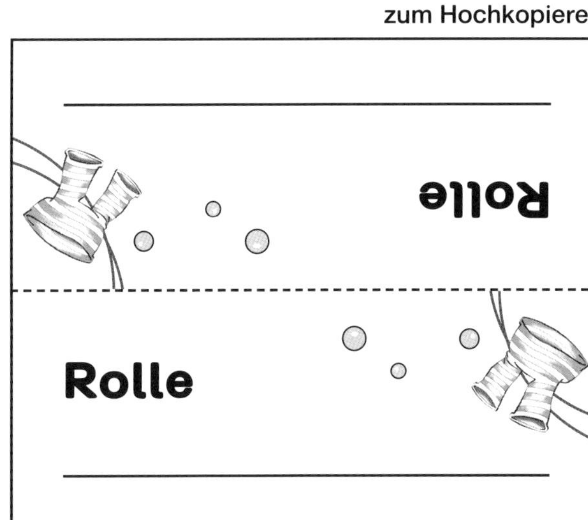

Konkrete Hinweise und Symbole

Das Material für eine Aufführung des LAUTER-LESEN-Textes als Hörtheater ist schnell zusammengestellt: Zu Beginn der Geschichte findet sich eine Liste der zu besetzenden Rollen (s. S. 7) und der benötigten Kostüme (s. S. 5) für das Theaterstück. Gleich darunter werden die benötigten Requisiten (s. S. 5) für die Soundjobs (s. S. 8) aufgezählt.

„Die Badehose" ist ein LAUTER-LESEN-Stück, das besonders geeignet ist für Anfänger: Abgesehen von der Erzähler-Rolle sind die anderen Lesepassagen sehr kurz. Lediglich Hubert, der Frosch, und die Karpfin haben ein wenig mehr Text. Es gibt in dieser Fassung 13 Sprechrollen unterschiedlichen Umfangs sowie 9 Soundjobs. Die insgesamt 22 Rollen können beliebig aufgestockt werden, indem z. B. ein ganzer Mückenschwarm summt oder ein ganzer Vogelschwarm singt; die Zahl der Rollen kann man verringern, indem mehrere kurze Sprechrollen oder Soundjobs von nur einem Kind vorgetragen werden.

Jeder Mitwirkende muss seine Rolle in der Liste der Personen (s. S. 7), der Liste der Soundjobs (s. S. 8) und natürlich auch im anschließenden Text (ab S. 10) farbig in den dafür vorgesehenen Kästchen markieren, um später sicher die richtigen Einsätze zu finden. Ganz nebenbei ist das eine erste Einladung zum Lesen.
In der Liste mit den Soundjobs sind vor den einzelnen Geräuschen zusätzlich Symbole abgebildet, die die Kinder auch im Text wiederfinden. Sie stellen das jeweilige Geräusch dar und erleichtern leseschwachen Schülern und Leseanfängern das Mitlesen.

Bühnenbild

Wenn Sie das Theaterstück aufführen möchten, können Sie auch eine Kulisse aufbauen. Die Mitte der Bühne bildet den Teich und wird am Bühnenrand einfach durch eine blaue Decke markiert. Die Decke wird zu einer Wurst gedreht und vorne hingelegt. Dahinter können dann die Szenen in und auf dem Teich gespielt werden. Auf der rechten Bühnenseite neben dem Teich befindet sich das Schilfufer. Hierfür werden zwei Stellwände benötigt, auf die Schilf gemalt wird. Das Schilf kann auch auf Pappe gemalt und gegen einen Hocker oder Ähnliches gelehnt werden (s. Kopiervorlage S. 6). Hinter der einen Stellwand verschwindet der Frosch, hinter der anderen schwimmt der Entenschwarm hervor. Auf der linken Uferseite wird nur ein brauner Kasten aus der Turnhalle benötigt. Darauf liegt eine braune Decke als Blatt. Der Frosch kann sich so hinter und unter einem Blatt verstecken und die Familie beobachten. Umbauten der Bühne sind während der Aufführung nicht notwendig.
Planen Sie einen Bereich ein, in dem die Kinder sitzen, die die Geräusche machen. Auch sie sollten für das Publikum sichtbar sein, da sie eine Rolle haben.

Die Aufführung

Der Weg zur Aufführung soll möglichst einfach und kurz sein.
Eine Einladung / ein Plakat finden Sie auf Seite 9.
Die LAUTER-LESEN-Stücke sollen (ob nun als Hör- oder Theaterstück) im besten Sinne Sofort-Aufführungen ermöglichen: Bühne frei und los!

Requisiten

- 1 braune Decke (auf dem Kasten liegend)
- 1 Badehose für den kleinen Jungen
- 2 Puppen und Puppenkleider für das kleine Mädchen
- 1 Badehose (möglichst gestreift) als weite Shorts zum Überziehen für Hubert, den Frosch. Sie sollte hinter dem Kasten liegen.

Kostüme

Kostüme können leicht und von den Kindern selbst mithilfe von T-Shirts – farbig passend zur Rolle oder weiß – zusammengestellt werden. Diese T-Shirts kann man mit Textilstiften oder -kreiden beschriften und bemalen. Die Gesichter können bei den Tierrollen mit Kinderschminke passend zu den T-Shirts gefärbt werden.
Vorsicht bei der Aufführung: erst T-Shirts anziehen, dann schminken!

Aufschrift / Rolle	**Farbe des T-Shirts Farbe des Make-ups**	**sonstige Vorschläge zum Kostüm**
Erzähler	weiß	
Hubert	grün	Leggins, vorzugsweise grün, über die am Ende ein Paar Shorts als Badehose gezogen werden können, grüne Flossenhände aus Pappe oder große Handschuhe
Karpfin	dunkelgrau	ein Paar Flossenhände aus Pappe oder einfach ein Paar große Handschuhe; auf das T-Shirt kann man Schuppen malen
Ente	gelb	einige Federn hinten im Hosenbund als Bürzel
Maus	möglichst hellbraun	Mauseschwanz; evtl. Haarreifen mit Ohren Beim Make-up Nagezähne nicht vergessen und auf die Unterlippe malen!
Vater, Mutter, kleines Mädchen		sommerliche Freizeitkleidung Shorts und Oberbekleidung, die zeigt, dass Menschen nicht viele Haare haben. Vater mit hautfarbener Mütze / Badekappe als Glatze. Haare auf Brust und Beine malen.
kleiner Junge	Radlerhose	T-Shirt; über die Radlerhose wird eine (möglichst gestreifte oder geringelte) Badehose gezogen
Stichling	dunkelblau	dunkelrote Flossenhände aus Pappe oder ein Paar große Handschuhe; auf das T-Shirt kann man Schuppen malen
Graugans 1 Graugans 2	hellgrau	orangefarbene Socken oder Flossen und orangefarbener Lippenstift
Bisamratte	dunkelbraun	Rattenschwanz; evtl. Haarreifen mit Ohren; coole Sonnenbrille als Knopfaugenersatz Beim Make-up Nagezähne nicht vergessen und auf die Unterlippe malen!

Vorlagen

zum Hochkopieren

Vorlage
Flossenhand Hubert

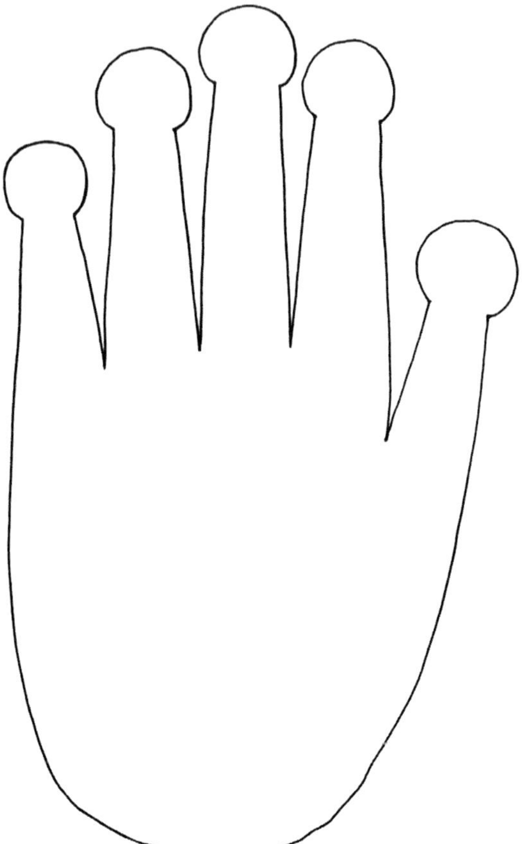

Vorlage
Flossenhand Karpfin / Stichling

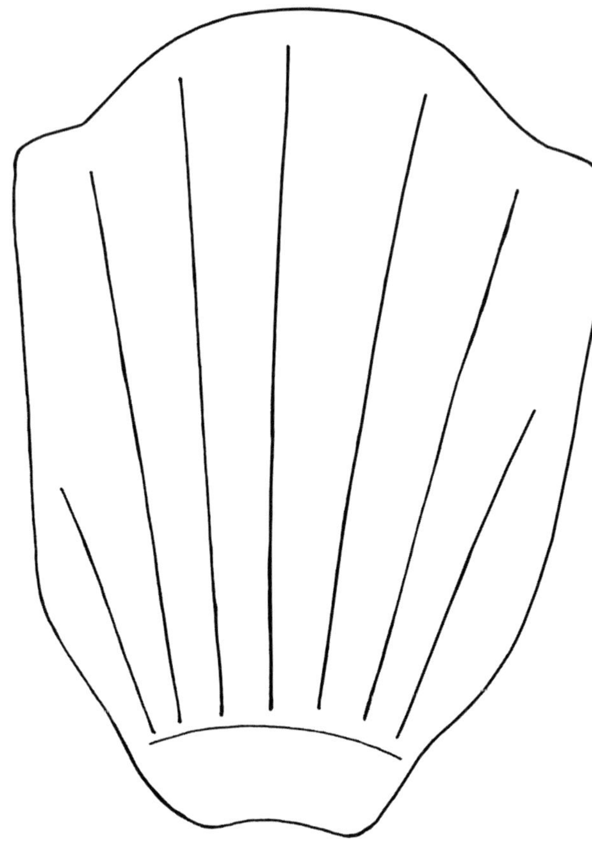

Stellwand Schilff

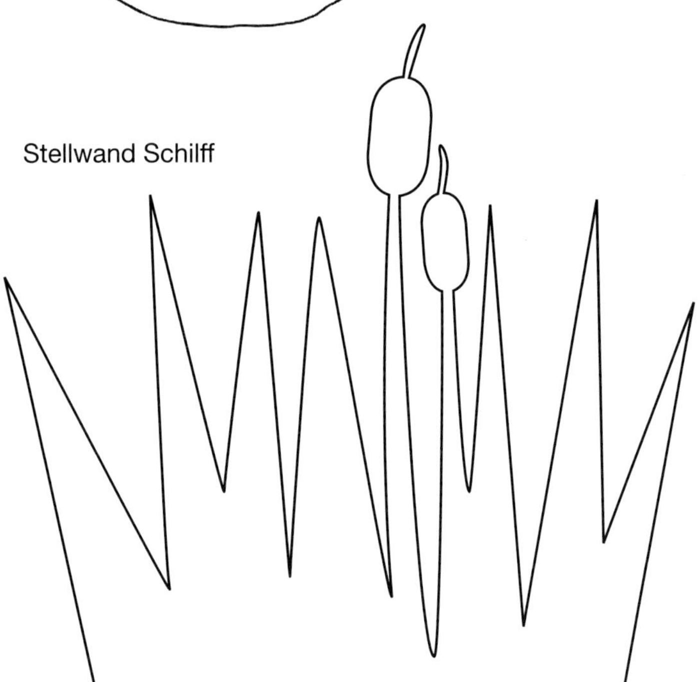

Vorlage Ohr Maus / Ratte
(für die Ratte etwas kleiner lassen)

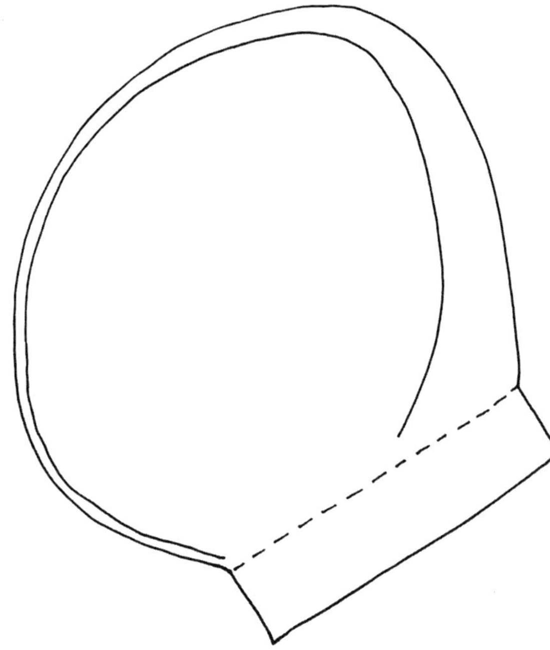

BVK DE45 • Barbara Rath: LAUTER LESEN „Die Badehose“

Rollen

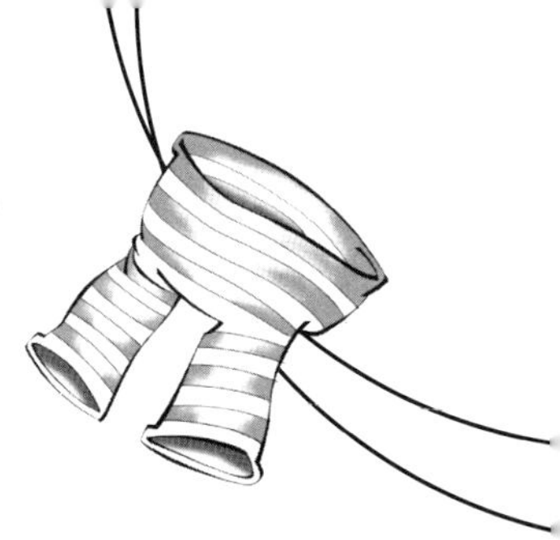

Die Badehose

Es wirken mit:

- ☐ Erzähler: ____________________
- ☐ Hubert, der Frosch: ____________________
- ☐ Karpfin: ____________________
- ☐ Ente: ____________________
- ☐ Maus: ____________________
- ☐ Vater: ____________________
- ☐ Mutter: ____________________
- ☐ kleiner Junge: ____________________
- ☐ kleines Mädchen: ____________________
- ☐ Stichling: ____________________
- ☐ Graugans 1: ____________________
- ☐ Graugans 2: ____________________
- ☐ Bisamratte: ____________________

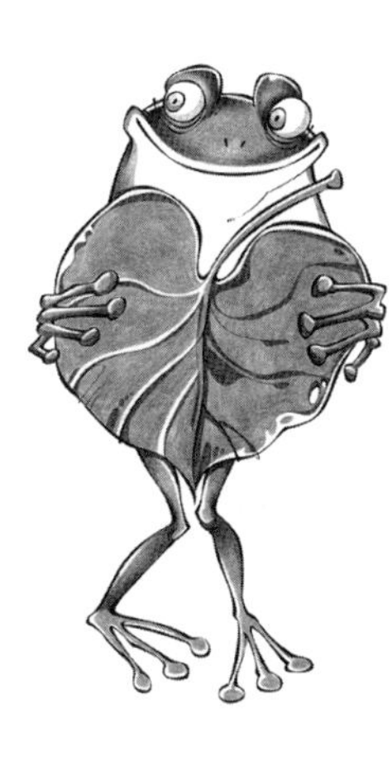

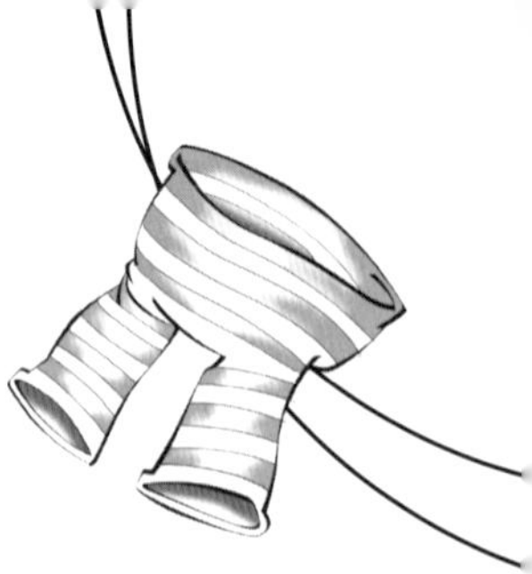

Soundjobs

	hüpfender Frosch	einen nicht zu steifen, schmalen Pappstreifen in die hohle Hand schlagen
	Platschen	Stein in einen Topf / Eimer mit Wasser fallen lassen, um ein Platschen zu erzeugen.
	Schwimmgeräusche	einen Kochlöffel langsam dicht unter der Oberfläche durch ein mit Wasser gefülltes Gefäß ziehen
	Schilfrascheln, Laubrascheln	mit belaubten Zweigen rascheln
	Entenschwarm	lautes, protestierendes Schnattern: Gagagagaga ...
	Mückensummen	leise summen oder auf einem Kamm blasen
	Vogelzwitschern	auf einer Flöte spielen
	Trippelgeräusche	mit den Fingerkuppen schnell auf eine leere Schachtel klopfen
	Eulenruf	Huhuhuhuhu ...

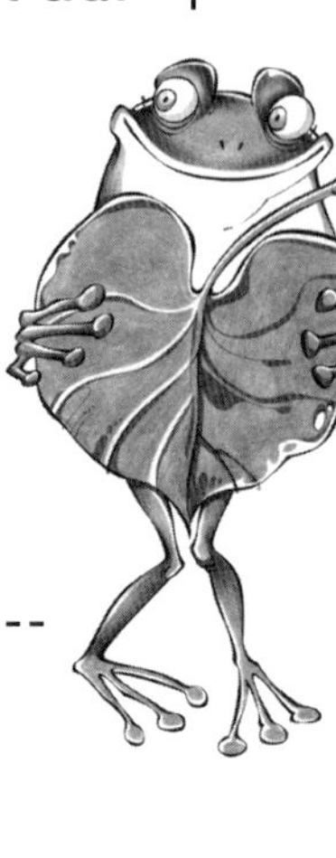

BVK DE45 • Barbara Rath: LAUTER LESEN „Die Badehose“

Einladung zu

Lauter Lesen
Die Badehose

aufgeführt von:

____

Datum, Uhrzeit:

____

Ort:

____

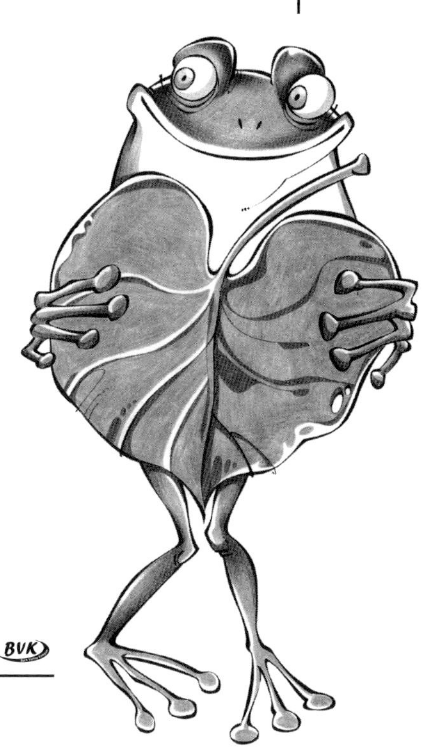

Die Badehose

☐ **Erzähler:**
Hubert, der Frosch,
wischte sich die Stirn.
und sagte zu sich selbst:

☐ **Hubert, der Frosch** – *ängstlich:*
Himmel,
meine Stirn ist schon ganz trocken!
Ich muss, muss, muss bald Wasser finden!

☐ **Erzähler:**
Es war ein sehr heißer Sommer.
Der kleine Teich,
in dem Hubert aus dem Ei geschlüpft war,
der kleine Teich,
in dem er als Kaulquappe glücklich Algen geknabbert hatte,
der kleine Teich war nach und nach
unter der heißen Sonne ausgetrocknet!
Zum Glück war der Teich erst dann vertrocknet,
als Hubert sich schon in einen Frosch verwandelt hatte.
Sonst – ja sonst ...
Hubert wollte gar nicht daran denken,
was sonst passiert wäre!
Entschlossen hüpfte er weiter auf der Suche nach einem
neuen Gewässer.

hüpfender Frosch – *5 bis 6 Mal: einen nicht zu steifen, schmalen Pappstreifen in die hohle Hand schlagen*

☐ **Hubert, der Frosch** – *erleichtert:*
Wasser!
Hier muss es irgendwo Wasser geben.
Es duftet ein wenig nach Seerosen ...

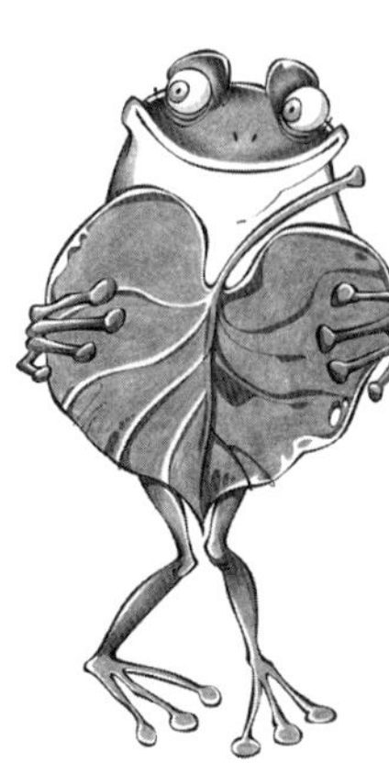

BVK DE45 • Barbara Rath: LAUTER LESEN „Die Badehose"

Erzähler:
Hubert sprang mit neuem Mut weiter.

hüpfender Frosch – *5 bis 6 Mal: einen nicht zu steifen, schmalen Pappstreifen in die hohle Hand schlagen*

Erzähler:
Der Seerosenduft wurde ganz stark.
Und so erreichte Hubert schließlich das Ufer eines
wundervollen Sees
und stürzte sich kopfüber in das rettende, kühle Nass!

Platschen – *ein Mal: Stein in einen Topf / Eimer mit Wasser fallen lassen, um ein Platschen zu erzeugen.*

Erzähler:
Als Huberts empfindliche Froschhaut
nach und nach wieder ganz weich geworden war,
tat Hubert das,
was man nur bei ganz entspannten Fröschen
und daher sehr selten sieht:
Er drehte sich schwimmend auf den Rücken,
ließ sich glücklich im Wasser treiben
und die Sonne auf seinen kleinen Froschbauch scheinen.
Da plötzlich stupste ihn etwas in den Rücken!

Karpfin – *sehr empört:*
He!
Sie da!
Nacktbaden ist hier verboten!

Erzähler:
Hubert verschluckte sich fast vor Schreck,
drehte sich um
und spähte ins tiefe Wasser.

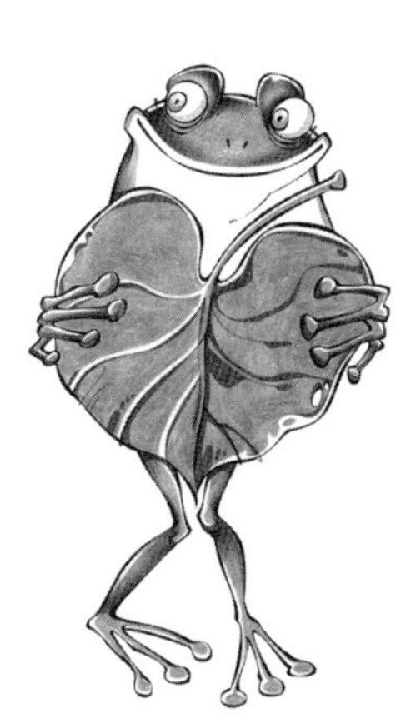

Schwimmgeräusche – *einen Kochlöffel langsam dicht unter der Oberfläche durch ein mit Wasser gefülltes Gefäß ziehen*

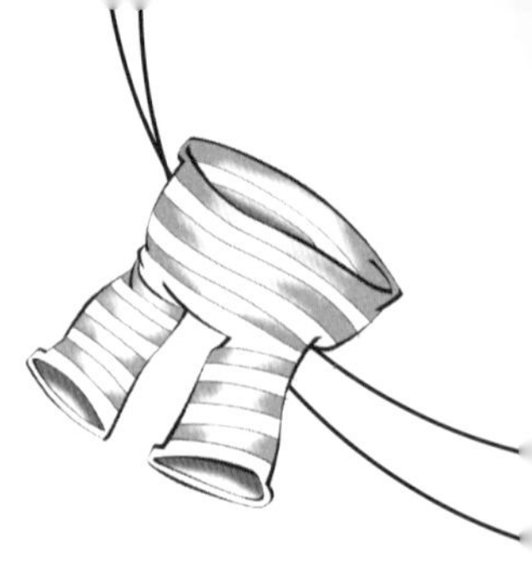

☐ **Erzähler:**

Wer hatte ihn da gestupst?
Knapp unter der Wasseroberfläche entdeckte Hubert
eine dicke Karpfen-Frau,
die hektisch mit den Flossen wedelte.
Hubert glotzte,
denn in seinem kleinen, alten Teich hatte es
keine Fische gegeben.
Und er war verblüfft.
Die Karpfin zog nämlich erschrocken beide Flossen
vor ihr Gesicht,
als der Frosch sich zu ihr umdrehte.
Hinter den Flossen nuschelte der große Fisch:

☐ **Karpfin** – *nuschelnd, aber aufgebracht:*

Mein Gott!
Eine Zumutung!
Da kann man doch als anständige Karpfin
gar nicht hinschauen.
Sie sind ja pudelnackt,
Sie Grobian!
Wissen Sie etwa nicht,
was sich gehört?

☐ **Erzähler:**

Hubert war verwirrt.
Und zwar sehr.
Er hatte niemanden erschrecken wollen.
Einen Karpfen,
nein, eine Karpfin schon gar nicht.
Und „grob sein“ liegt Fröschen eigentlich von
Natur aus nicht.

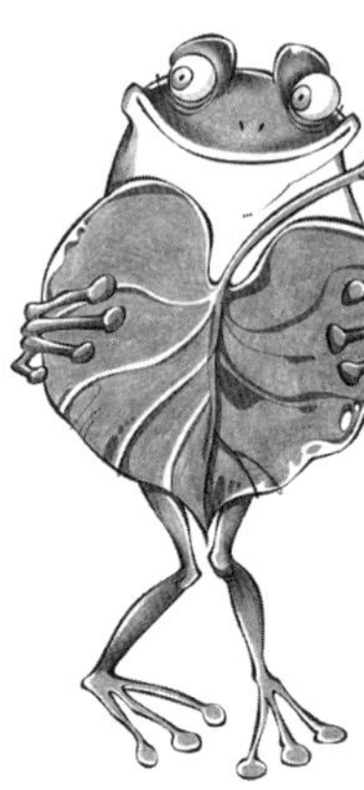

BVK DE45 • Barbara Rath: LAUTER LESEN „Die Badehose“

Normalerweise sind sie einfach
zu weich dazu ...
Deshalb sagte er:

☐ **Hubert, der Frosch** – *entschuldigend:*
Entschuldigung!
Was habe ich denn falsch gemacht?

☐ **Karpfin** – *erbost:*
Sie baden nackt,
Sie Rüpel!
Und das ist hier verboten!

☐ **Erzähler:**
Die Auskunft half Hubert nicht wirklich weiter.
Nacktbaden, das sagte ihm rein gar nichts.
Gewiss,
er badete
und das fühlte sich ganz wunderbar an.
Aber was meinte der Fisch wohl mit „nackt“?
Nun muss man wissen,
dass Frösche keine Eltern haben.
Das heißt:
Natürlich haben sie Eltern.
Frösche regnen ja nicht einfach vom Himmel herab.
Aber sie kennen ihre Eltern nicht,
weil die nach der Eiablage ihrer Wege gehen.
Kleine Kaulquappen und Frösche wachsen ganz
allein heran.
Da wird es schwierig,
wenn man als junges Wesen Fragen hat.
Wem soll man die stellen,
wenn man keine Eltern um sich hat,
die einen durch das Leben begleiten
und die einem erklären,
wie der Hase läuft?

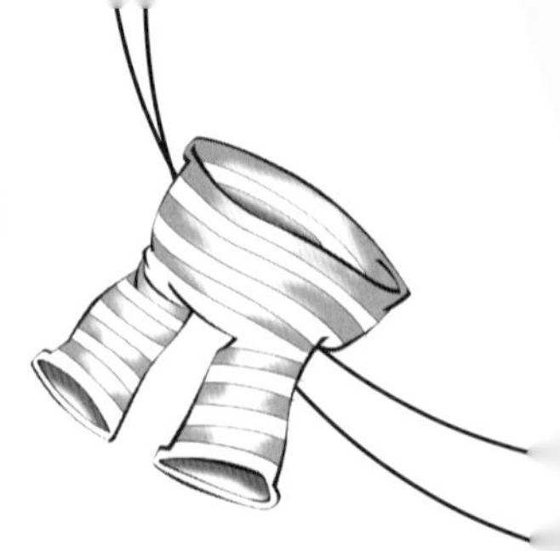

Denn: Alle jungen Wesen haben Fragen.
Meistens sind es immer wieder dieselben:
„Was ist das?“ oder
„Schmeckt das gut?“ oder
„Darf man das?“.
Aber manchmal ist auch eine neue,
wichtige Frage dabei.
Nur deshalb gibt es übrigens so viel Leben auf der Welt –
nämlich damit gelegentlich neue,
wichtige Fragen gestellt
und vielleicht auch beantwortet werden können!

☐ **Hubert, der Frosch** – *vorsichtig:*
Ich bade – nackt?

☐ **Karpfin** – *zeternd:*
Das kann man wohl sagen!

☐ **Erzähler:**
Es ist ganz schön schwer,
unter Wasser zu zetern,
aber die Karpfin schaffte es mühelos!
Sie blinzelte zwischen ihren Flossen zu Hubert hinüber
und sah,
dass er immer noch nackt direkt vor ihrer Nase
im Wasser paddelte.
Erschrocken zog sie die Flossen wieder vor das
Fischgesicht!

☐ **Karpfin** – *erschrocken:*
Nackter kann man gar nicht sein!

☐ **Erzähler:**
Hubert sah ratlos an seinem Froschkörper hinunter.
Er tappte immer noch im Dunkeln.
Was sollte das denn nur bedeuten:

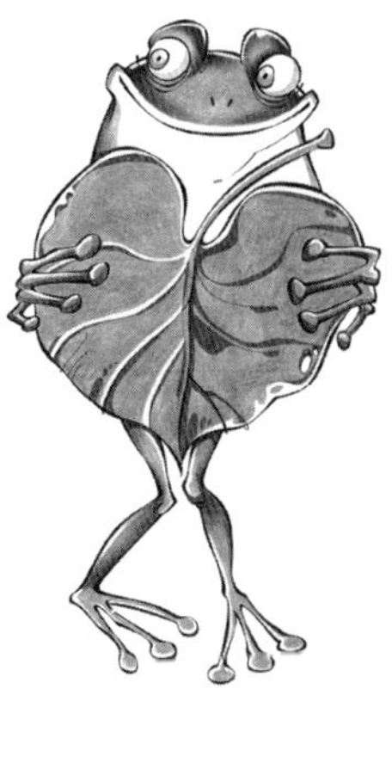

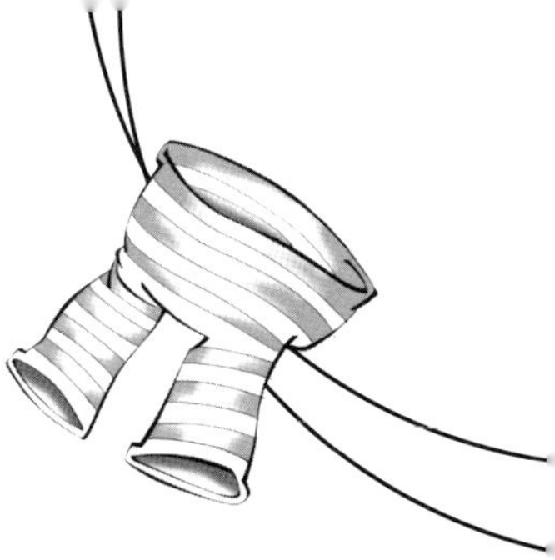

Nackt?
Solange Hubert eine Kaulquappe gewesen war,
hatte niemand sich je beschwert,
er hätte nackt gebadet!

☐ **Hubert, der Frosch** – *versuchsweise:*
Und *Sie* haben nicht nackt gebadet?

☐ **Karpfin** – *empört:*
Ich *bin* vor allem nicht nackt!
Ich habe ein ordentliches Schuppenkleid –
sogar mit Spiegelschuppen als Schmuck.

☐ **Erzähler:**
Die Karpfin deutete mit einer Flosse
kurz auf die blanken Schuppen auf ihrem Rücken.
Aber als Hubert neugierig näher schwamm,
um einmal in die Spiegelschuppen zu schauen,
machte die Karpfin auf der Schwanzflosse kehrt.

Schwimmgeräusche – *einen Kochlöffel langsam dicht unter der Oberfläche durch ein mit Wasser gefülltes Gefäß ziehen*

☐ **Erzähler:**
Sie schoss ins tiefe Wasser davon,
wo sie bald im Dunkel verschwand.
Noch im Davonschwimmen blubberte sie:

☐ **Karpfin** – *sehr aufgebracht:*
Wüstling!
Frechheit!
Eine Zumutung!

☐ **Erzähler:**
Hubert blieb ratlos zurück.
Unglücklich runzelte er seine kleine Froschstirn.

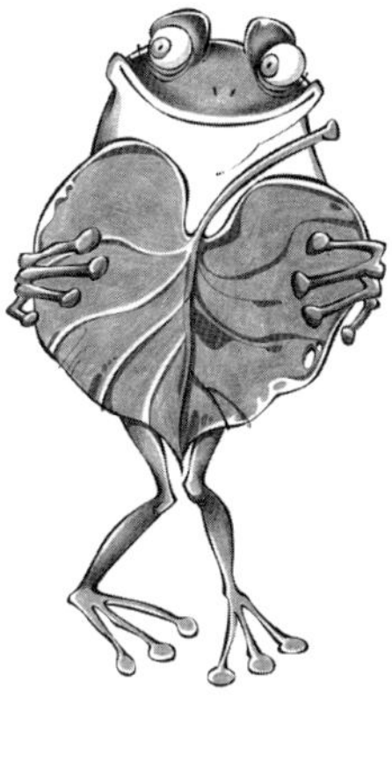

BVK DE45 • Barbara Rath: LAUTER LESEN „Die Badehose"

Das war kein wirklich guter Anfang
in dem neuen See.
In seinem alten Teich hatte Hubert viele Freunde
gehabt:
Kaulquappen und junge Frösche,
ein paar Molche,
zwei große Wasserkäfer,
unzählige Mückenlarven,
eine Posthornschnecke,
eine spitze Schlammschnecke mit 37 Kindern.
Und alle,
alle waren sie nett miteinander umgegangen.
Über das Schwimmen wurde viel gesprochen,
aber von „nackt baden“ war nie die Rede gewesen ...
Hubert beschloss daher erst einmal,
ein wenig in Deckung zu gehen
und sich unauffällig in seinem neuen Lebensraum
umzusehen.
Vielleicht fand er ja durch Beobachten heraus,
was die Karpfin so aufgeregt hatte.
Er ruderte auf einen Schilfgürtel zu,
der viele gute Verstecke zu bieten schien.

Schwimmgeräusche – *einen Kochlöffel langsam dicht unter der Oberfläche durch ein mit Wasser gefülltes Gefäß ziehen*

Schilfrascheln – *mit belaubten Zweigen rascheln*

☐ **Erzähler:**

Ja, die Deckung war so gut,
dass Hubert glatt eine Gruppe Enten übersah,
die sich im Schilf verborgen hielt.
Fast stieß er mit ihnen zusammen.
Der ganze kleine Entenschwarm schnatterte
wild und aufgeregt drauflos,
als die Enten Hubert bemerkten!

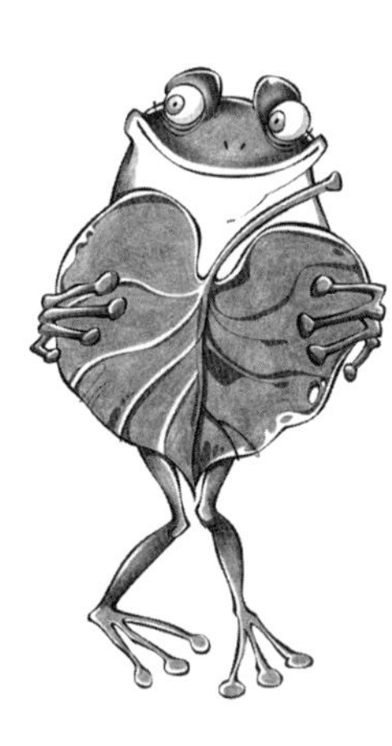

BVK DE45 • Barbara Rath: LAUTER LESEN „Die Badehose“

Entenschwarm – *lautes, protestierendes Schnattern: Gagagagaga ...*

☐ **Erzähler:**
Bevor Hubert sich entschuldigen konnte,
schimpfte eine erwachsene Ente auch schon los:

☐ **Ente** – *aufgebracht:*
Sagen Sie mal,
wissen Sie eigentlich nicht,
dass Nacktbaden hier im See streng verboten ist?
Was sollen denn die Kinder denken?

☐ **Erzähler:**
„Nicht schon wieder!“, dachte Hubert.
Die Enten paddelten entrüstet davon.

Schwimmgeräusche – *einen Kochlöffel langsam dicht unter der Oberfläche durch ein mit Wasser gefülltes Gefäß ziehen*

☐ **Erzähler:**
So blieb dem Frosch nur übrig zu rufen:

☐ **Hubert, der Frosch** – *entschuldigend:*
Tut mir leid –
aber warum bin ich eigentlich nackt
und Sie sind es nicht?

☐ **Ente** – *ärgerlich:*
Das ist doch wohl offensichtlich!
Ich trage ein Federkleid,
das meine Haut bedeckt.

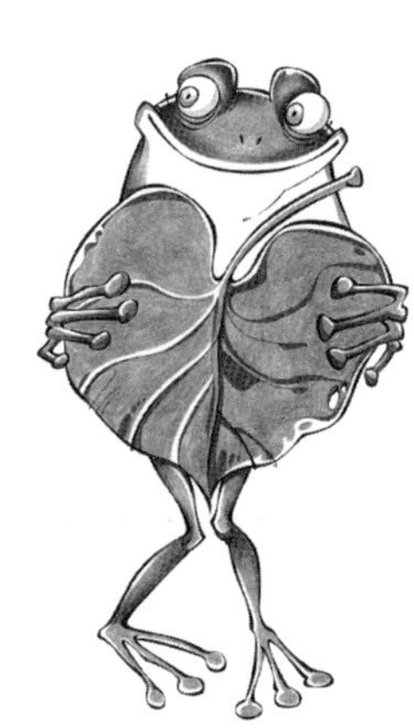

☐ **Hubert, der Frosch** – *ganz leise murmelnd:*

Soso.
Endlich mal eine Auskunft,
die ein wenig weiterhilft:
Nacktsein hat also etwas damit zu tun,
ob die Haut bedeckt ist.

☐ **Erzähler:**

Kritisch sah Hubert an sich herab:
Wundervolle Froschhaut allüberall –
braun, grün, schwarz.
Er konnte mit seiner Haut nicht nur fühlen,
sondern sogar atmen
und ein ganz klein wenig schmecken!
Hubert fand seine Haut schön!
Die Karpfin und die Ente aber waren offenbar
anderer Meinung.
Was sollte man da machen?
Ein Frosch hatte nun einmal weder Schuppen noch Federn.
So leicht wollte sich Hubert jedoch nicht entmutigen lassen.
Und schon gar nicht wollte er den wundervollen See wieder
verlassen,
nur weil zwei neue Nachbarn ihn sehr nackt fanden.

Schwimmgeräusche – *einen Kochlöffel langsam dicht unter der Oberfläche durch ein mit Wasser gefülltes Gefäß ziehen*

☐ **Erzähler:**

Also schwamm Hubert weiter:
Weg von der Stelle,
an der die Karpfin sich so über sein Nacktbad
aufgeregt hatte,
weg von dem Schilf, in dem der Wind sang
und wo die Enten sich so über ihn aufgeregt hatten …

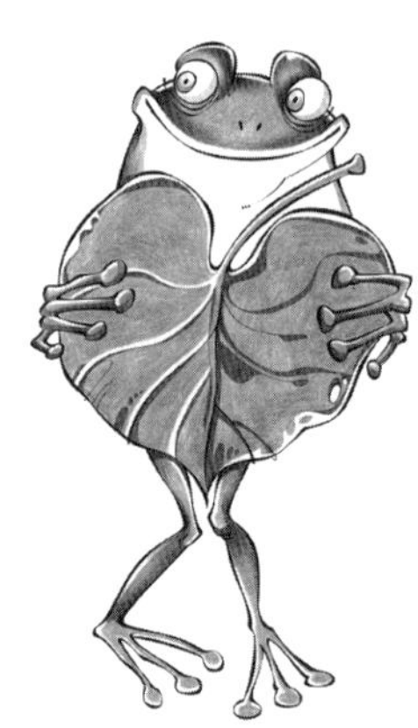

Schilfrascheln – *mit belaubten Zweigen rascheln*

BVK DE45 • Barbara Rath: LAUTER LESEN „Die Badehose"

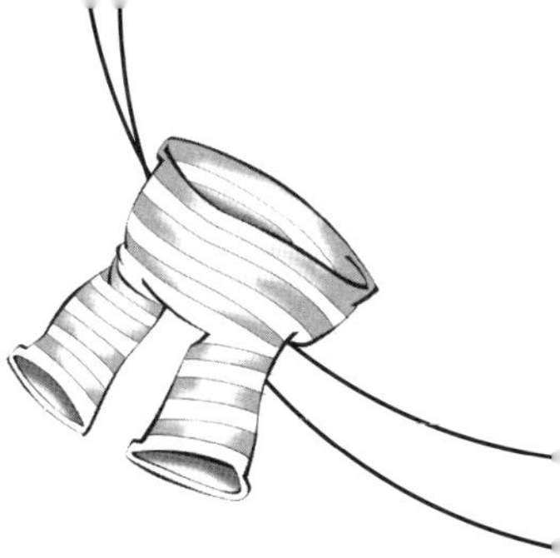

☐ **Erzähler:**

... hin zu einem wunderbaren kleinen
Uferstreifen,
an dem sich abends sicher wundervoll quaken ließ.
Das Quaken musste Hubert allerdings noch üben –
er war ja noch nicht lange Frosch
und Kaulquappen quaken nicht.
An diesem Uferstreifen hüpfte Hubert an Land.

hüpfender Frosch – *6 bis 7 Mal: einen nicht zu steifen, schmalen Pappstreifen in die hohle Hand schlagen*

☐ **Erzähler:**

Sonne war etwas Wunderbares,
wenn Wasser nur ein paar Hüpfer weit entfernt wartete!
Die Mücken summten ein fröhliches Lied, ...

Mückensummen – *leise summen oder auf einem Kamm blasen*

☐ **Erzähler:**

... die Vögel im nahen Wald sangen ...

Vogelzwitschern – *auf einer Flöte spielen*

☐ **Erzähler:**

... und Hubert versuchte,
die unangenehmen Erlebnisse mit der Karpfin
und den Enten einfach zu vergessen.
Während Hubert die Sonne genoss,
kam eine Maus aus dem nahen Wald herbeigehuscht.

Trippelgeräusche – *mit den Fingerkuppen schnell auf eine leere Schachtel klopfen*

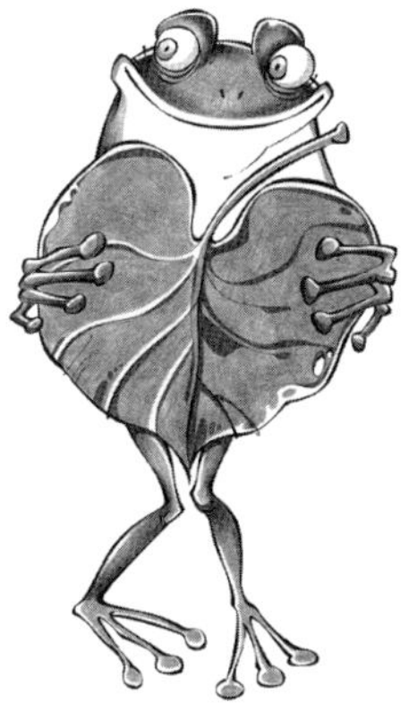

☐ **Erzähler:**
Hubert lächelte ihr freundlich entgegen.
Aber die Maus eilte nur an ihm vorbei,
trank durstig aus dem See
und flitzte dann wieder Richtung Wald.

Trippelgeräusche – *mit den Fingerkuppen schnell auf eine leere Schachtel klopfen*

☐ **Erzähler:**
Als sie an Hubert vorbeilief,
zischte sie unfreundlich:

☐ **Maus** – *unfreundlich zischend:*
Lass dir bloß nicht einfallen,
hier nackt baden zu gehen!
Das ist streng verboten.
Anständige Tiere tragen einen Pelz,
so wie ich!

☐ **Erzähler:**
Hubert war ratlos.
So sehr er auch suchte:
Auf seiner gesamten Haut war kein einziges Haar
zu entdecken.
Mittlerweile fühlte Hubert sich in seiner Froschhaut
alles andere als wohl.
Er war neu hier.
Er war jung und unerfahren
und noch ziemlich klein.
Er wollte keinen Ärger haben –
und keinen machen.
Auch wagte er es nicht,
bei dem heißen Sommerwetter weiterzuwandern,
um ein neues Gewässer zu suchen.
Wer weiß?

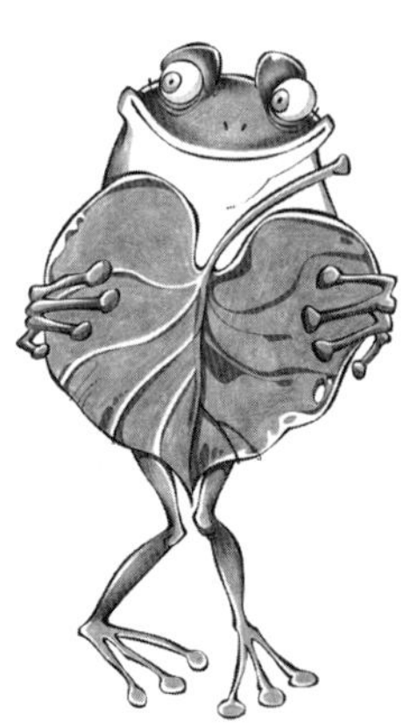

BVK DE45 • Barbara Rath: LAUTER LESEN „Die Badehose“

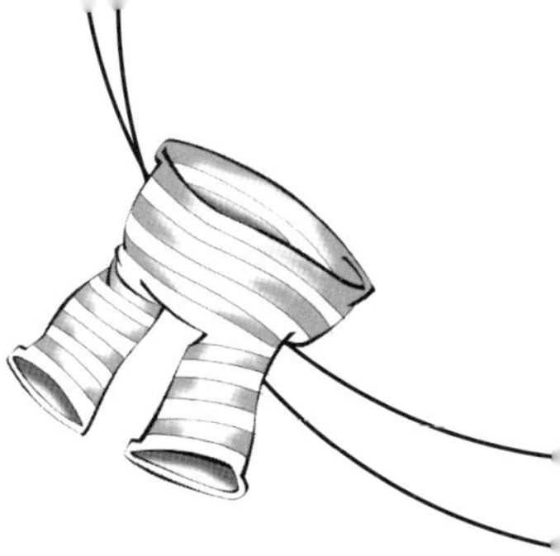

Vielleicht war da auch das Nacktbaden
verboten?
Vielleicht bestand das Problem ja auch darin,
dass er keine Kaulquappe mehr war?
Kaulquappen wissen nämlich:
Wenn wir uns in Frösche verwandeln,
dann ändert sich alles!
Vielleicht ist man tatsächlich erwachsen nackt,
auch wenn man es als Kind nicht ist?!
Hubert jedenfalls versteckte sich gründlich nach der
Begegnung mit der Maus:
Er schwamm nur noch nachts!

Schwimmgeräusche – *einen Kochlöffel langsam dicht unter der Oberfläche durch ein mit Wasser gefülltes Gefäß ziehen*

Eulenruf – *Huhuhuhuhu ... Huhuhuhuhu ...*

▢ **Erzähler:**

Tagsüber verbarg sich der kleine Frosch
unter welken Blättern.

Laubrascheln – *mit belaubten Zweigen rascheln*

▢ **Erzähler:**

Hubert lauschte traurig dem Mückensummen
und dem Gesang der Vögel.

Mückensummen – *leise summen oder auf einem Kamm blasen*

Vogelzwitschern – *auf einer Flöte spielen*

▢ **Erzähler:**

Niemand verbot ihm mehr das Baden im See –
im Dunkeln sah ihn ja auch niemand.

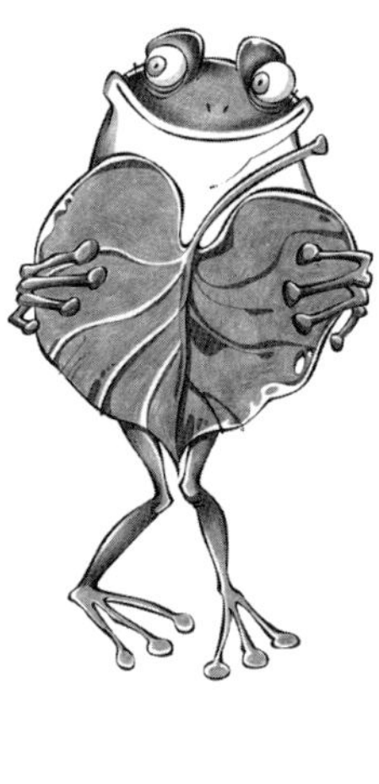

Aber Freude bereitete dieses Leben
Hubert nicht.
…
Dann kamen die Menschen!
Eine ganze Familie machte einen Ausflug
an den See.

▢ **Vater** – *sehr überzeugend:*
Hier ist es schön!
Lasst uns hier unseren Lagerplatz einrichten.

▢ **Mutter** – *begeistert:*
Was für eine Aussicht!
Nur finde ich,
dass hier ziemlich viele Mücken unterwegs sind.

Mückensummen – *leise summen oder auf einem Kamm blasen*

▢ **Mutter** – *entschlossen:*
Aber das soll uns nicht stören.
Kinder, gefällt es euch in dieser Bucht?

▢ **kleiner Junge und kleines Mädchen** – *gemeinsam:*
Ja!
Uns gefällt der Platz auch.
Hier kann man bestimmt klasse baden!

▢ **Erzähler:**
Gebannt starrte Hubert zu den Menschen hinüber:
Ein großes Männchen war dabei,
ein Weibchen
und zwei kleine Menschenkinder.
Und man höre und staune:
Die beiden Kinder waren fast genauso nackt
wie Hubert!

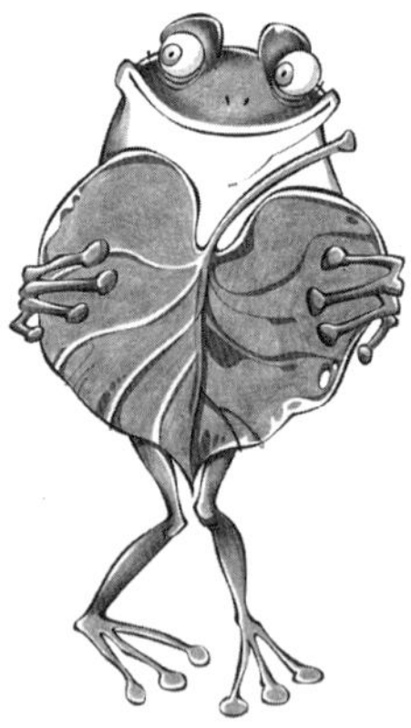

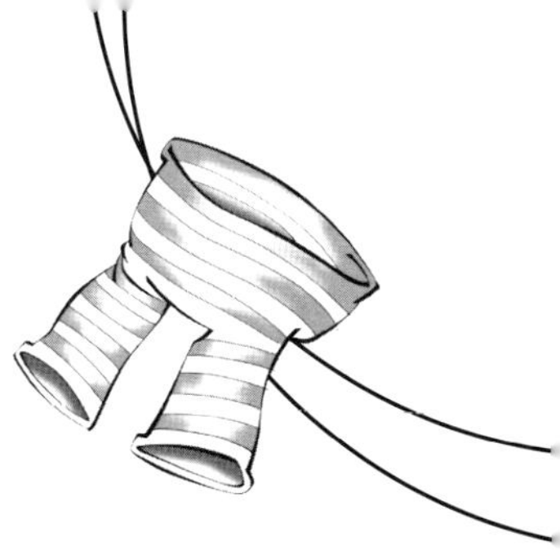

Die paar Haare auf dem Kopf waren kaum
der Rede wert!
Außerdem hatten nicht alle Haare auf dem Kopf,
bei dem großen Männchen fehlten sie ganz.
Es hatte nur ein paar Haare auf den Beinen
und auf der Brust.
Aber die Haut sah man immer noch.
Also war das auch kein richtiger Pelz!

☐ **Hubert, der Frosch** – *seufzt, dann sagt er traurig und leise zu sich selbst:*
Denen sagt niemand,
dass Nacktbaden hier verboten ist.
Die sind so groß,
da traut sich keiner!

☐ **Erzähler:**
Die Menschen blieben ziemlich lange an dem See.
Hubert beobachtete sie
und machte sich so seine Gedanken.
Über eine Sache grübelte er besonders heftig nach:
Die Menschen hatten weder Schuppen
noch Federn,
nur ihre paar Haare.
Aber sie taten etwas gegen ihre Nacktheit.

☐ **kleiner Junge** – *ruft:*
Mama?
Gib mir mal bitte die Badehose!
Ich gehe jetzt schwimmen.

☐ **Erzähler:**
Und dann wurde ein buntes Ding über die
nackte Haut gezogen,
das fast aussah
wie ein besonders dünnes Fell ...
oder ganz, ganz kurze Federn ...

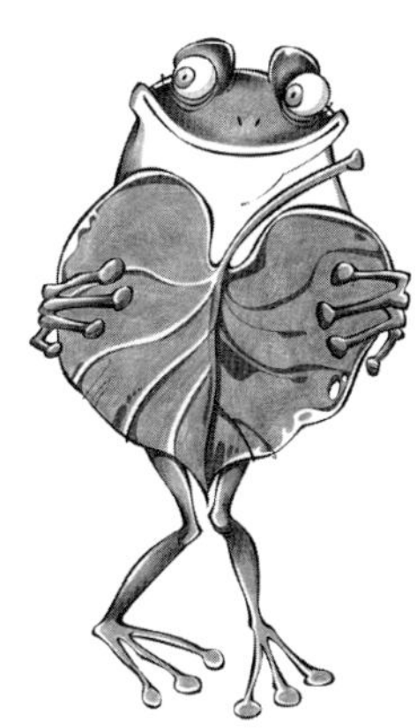

BVK DE45 • Barbara Rath: LAUTER LESEN „Die Badehose“

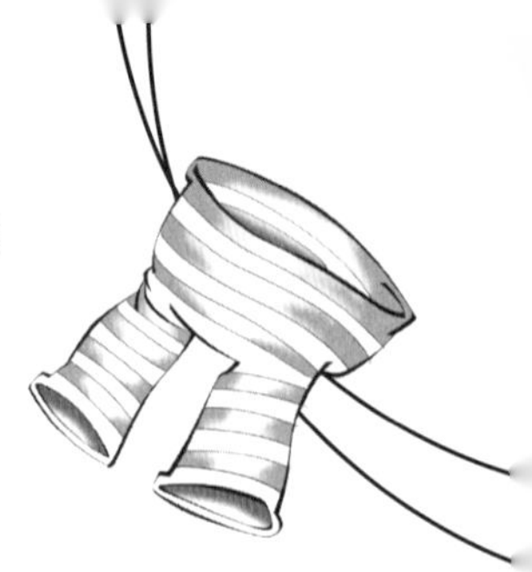

oder zusammengeklebte Schuppen.
Hubert durchfuhr es glühend heiß,
denn plötzlich hatte er eine wundervolle Idee!

☐ **Hubert, der Frosch** – *ganz leise murmelnd:*
So ein Ding,
wie der Junge es da gerade anzieht,
in Klein –
damit könnte ich mich im ganzen See wieder überall blicken lassen!
Und niemand dürfte mehr sagen:
„Nacktbaden verboten!“
Mit einer *Badehose* wäre ich ja nicht mehr nackt.

☐ **Erzähler:**
Eines der Kinder,
das Mädchen,
hatte zwei kleine Puppen dabei.
Als das Kind mit den Puppen zum Wasser laufen wollte,
rief die Mutter:

☐ **Mutter** – *bittend:*
Zieh deine Puppen bitte aus,
bevor du mit ihnen ins Wasser gehst,
sonst werden die Puppenkleider nass!

☐ **Erzähler:**
Und mit klopfendem Herzen sah Hubert,
wie das Kind die kleinen Figuren auszog.
Die Kleider legte es sorgfältig auf ein Moospolster –
nur drei große Hüpfer von Huberts Versteck entfernt.

Laubrascheln – *mit belaubten Zweigen rascheln*

hüpfender Frosch – *3 Mal: einen nicht zu steifen, schmalen Pappstreifen in die hohle Hand schlagen*

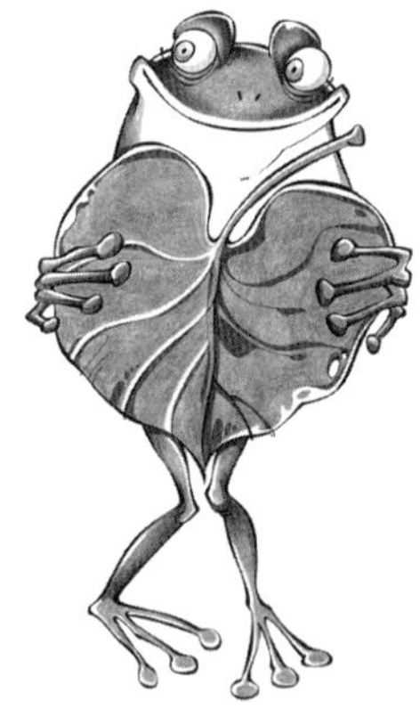

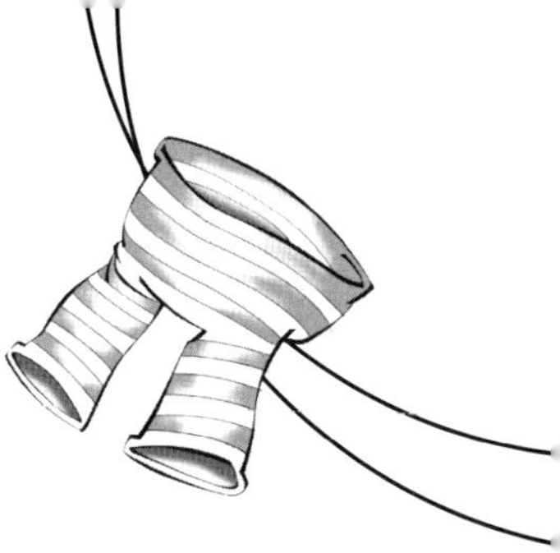

☐ **Erzähler:**
Als die Familie schließlich aufbrach,
fehlte eine kleine Puppenhose.

☐ **kleines Mädchen** – *ratlos:*
Aber Mama,
ich weiß genau,
dass ich die Puppenhose hierhin gelegt habe.
Jemand muss sie weggenommen haben.

☐ **Vater** – *brummelig:*
Sicher.
Jemand hat sie weggenommen.
Wer sollte denn, bitteschön, hier an diesem See
so eine Puppenhose stehlen wollen?

☐ **Erzähler:**
Es wurde gesucht und gerätselt –
die Puppenhose blieb verschwunden.
Es tat Hubert leid,
als er sah,
wie traurig das Kind aussah,
dem er die kleine Hose gestohlen hatte.
Aber er war sich ganz sicher,
dass er sie viel nötiger brauchte als dieses Kind.
...
Bevor die Sonne unterging,
konnte man am Ufer eines wundervollen Sees eine
merkwürdige Szene sehen:
Ein Frosch mühte sich damit ab,
eine Puppenhose anzuziehen.
Es war gar nicht leicht,
die langen Froschbeine durch die Löcher zu
stecken.
Hubert fand heraus,
dass man sich auch für die richtigen Löcher

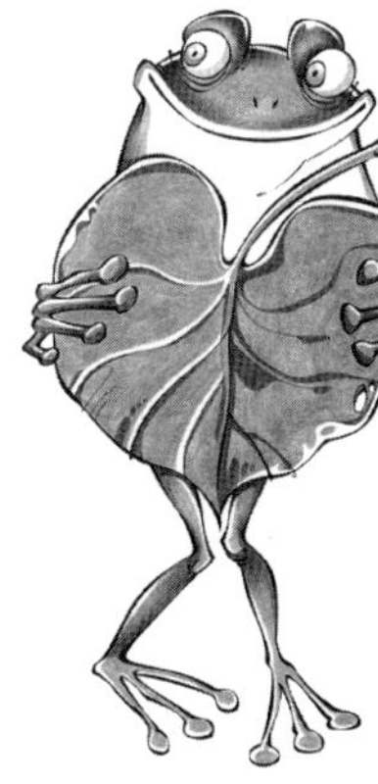

entscheiden musste –
sonst saß diese Hose nämlich nicht.
Als er endlich die Hose angezogen hatte,
sah Hubert stolz an sich herab.
Er war eindeutig nicht mehr ganz nackt.
Die Hose mit ihrem lustigen Ringelmuster
bedeckte immerhin seinen Po
und rechts wie links jeweils sein halbes Bein.
Beim Hopsen zum Ufer war sie etwas hinderlich.

hüpfender Frosch – *6 bis 7 Mal: einen nicht zu steifen, schmalen Pappstreifen in die hohle Hand schlagen*

☐ **Erzähler:**
Aber nachdem er erst einmal ins Wasser gesprungen war, ...

Platschen – *ein Mal: Stein in einen Topf / Eimer mit Wasser fallen lassen, um ein Platschen zu erzeugen.*

☐ **Erzähler:**
... fand Hubert, dass man großartig mit Badehose
schwimmen konnte.

Schwimmgeräusche – *einen Kochlöffel langsam dicht unter der Oberfläche durch ein mit Wasser gefülltes Gefäß ziehen*

☐ **Erzähler:**
Der kleine Frosch begegnete einem Schwarm Stichlinge.
Die glotzten zuerst bloß,
aber keiner sagte etwas von „Nacktbaden“ oder
„verboten“.
Einer meinte sogar nicht unfreundlich:

☐ **Stichling** – *freundlich:*
Na du?
Neu hier?

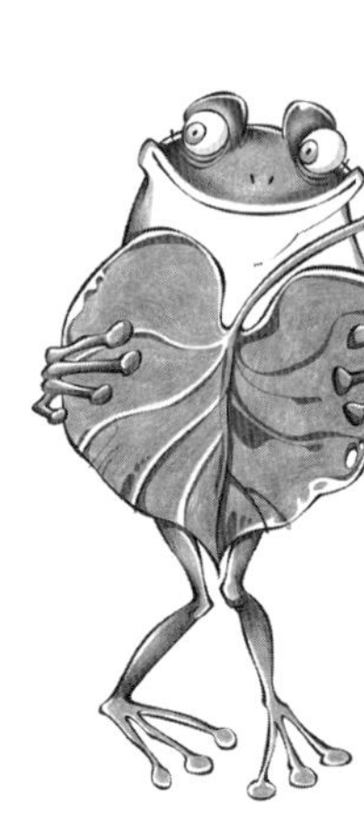

BVK DE45 • Barbara Rath: LAUTER LESEN „Die Badehose“

☐ **Erzähler:**
Danach begegnete Hubert einem Paar
Graugänse.
Die grüßten sogar höflich:

☐ **Graugans 1 und 2** – *gemeinsam im Chor und freundlich:*
Einen schönen Abend auch,
Herr Frosch!
Ist das nicht ein wundervoller Sonnenuntergang?

☐ **Erzähler:**
Und am Ende begegnete Hubert einer dunkelbraunen
Bisamratte,
die an ihm vorbeischwamm.

Schwimmgeräusche – *einen Kochlöffel langsam dicht unter der Oberfläche durch ein mit Wasser gefülltes Gefäß ziehen*

☐ **Erzähler:**
Die Ratte hielt an,
als sie Hubert sah.
Und sie hörte sich fast neidisch an,
als sie auf seine Badehose deutete
und feststellte:

☐ **Ratte** – *beinahe neidisch:*
Was für schicke Streifen ...
und so fröhliche Farben!
An so etwas könnte ich mich auch gewöhnen.

☐ **Erzähler:**
Von diesem Tag an ging Hubert immer
mit Badehose schwimmen.

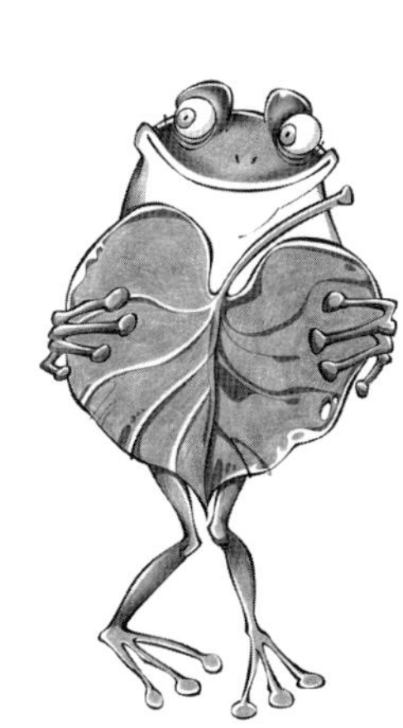

BVK DE45 • Barbara Rath: LAUTER LESEN „Die Badehose“

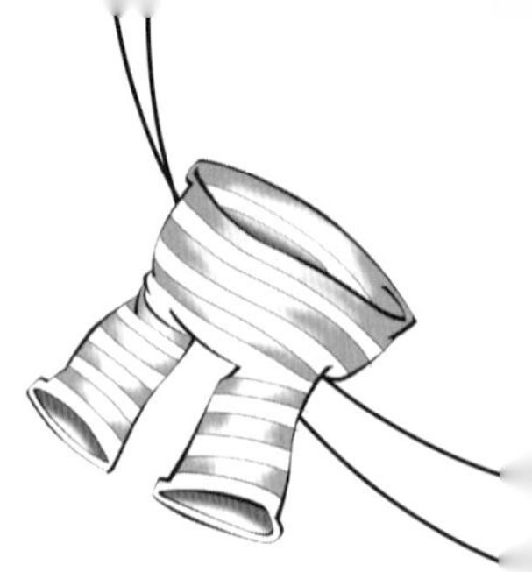

Schwimmgeräusche – *einen Kochlöffel langsam dicht unter der Oberfläche durch ein mit Wasser gefülltes Gefäß ziehen*

☐ **Erzähler:**
Kein Tier im See hatte mehr etwas dagegen.
Nur, wenn der Frosch allzu schwungvoll
von einem Seerosenblatt ins Wasser sprang, ...

Platschen – *ein Mal: Stein in einen Topf/Eimer mit Wasser fallen lassen, um ein Platschen zu erzeugen.*

☐ **Erzähler:**
... konnte es sein,
dass die Badehose rutschte.
Aber bevor irgendjemand rufen konnte:

☐ **Karpfin, Enten, Maus, Stichling, Graugänse, Bisamratte** – *alle gemeinsam im Chor:*
„Nacktbaden verboten!“ ...

☐ **Erzähler:**
... zog Hubert stets die Badehose mit einem Ruck
wieder hoch.

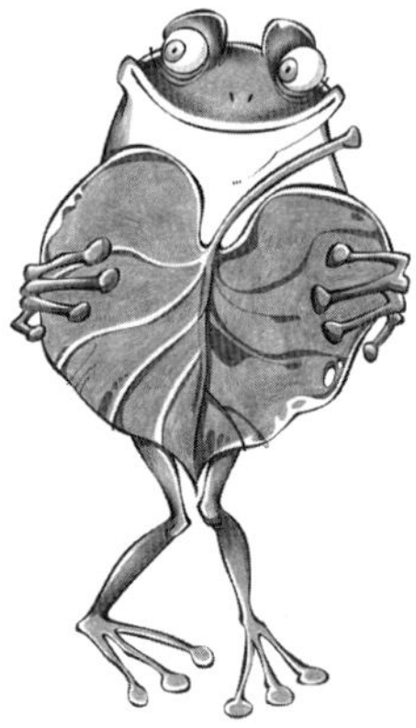

BVK DE45 • Barbara Rath: LAUTER LESEN „Die Badehose“